D1728926

Inhaltsverzeichnis

Lektion 1 – Die erste Begegnung

Übersetzung

Teil 1

Kai und Marie sind Sinologiestudenten im vierten Semester an einer deutschen Universität. Nach China zu gehen und ihr Studium dort fortzusetzen, war ihr langjähriger Wunsch.

Vor kurzem haben sie die Zulassung von einer Sprachenhochschule in Beijing erhalten. Nach fast zehnstündigem Flug landen sie endlich auf dem internationalen Flughafen von Beijing. Dort werden sie von einem Lehrer erwartet und in das Studentenwohnheim der Hochschule gebracht. Sie teilen sich mit zwei chinesischen Studenten, Lu Di und Wu Ya, eine Wohnung. Beim ersten Treffen führen sie folgendes Gespräch:

Wu Ya: Nach einem so langen Flug seid ihr bestimmt müde. Was möchtet ihr denn trinken? Ich habe hier Tee und Limonade, aber leider keinen Kaffee.

Kai: Das macht doch nichts. Ich trinke eine Limonade, und du, Marie?

Marie: Wenn es keine Umstände macht, trinke ich einen Tee.

Lu Di: Das macht doch keine Umstände, ich trinke auch Tee. Dann setze ich jetzt das Wasser auf.

Wu Ya: Ich habe hier schwarzen Tee, grünen Tee und Jasmintee. Welchen möchtet ihr?

Lu Di: Das ist mir gleich, ich richte mich nach Marie.

Marie: Also, dann bin ich so frei und nehme den grünen Tee.

Wu Ya: Marie, Lu Di, euer Tee ist fertig. Kai, hier ist deine Limonade. Also, zum Wohl!

Marie: Ich habe hier noch Schokolade und Kekse, bedient euch!

Lu Di: Nein, danke!

Marie: Wenn Lu Di nicht will, nimm du doch etwas, Wu Ya!

Wu Ya: Ich möchte auch nicht. Du hast bestimmt nicht mehr viel davon, heb es doch für später auf!

1

Kai:	Bevor wir nach China kamen, haben unsere Lehrer uns gesagt, dass, sollte man in China jemanden zum Tee oder Essen einladen, man das immer wieder anbieten muss. Wie es scheint, ist das wirklich wahr.
Lu Di:	Man sieht schon, dass ihr sehr viel über China wisst.
Kai:	Nicht doch. Über die Sitten und Gebräuche der Chinesen wissen wir noch lange nicht genug. Falls wir uns irgendwann lächerlich machen, entschuldigt das bitte vielmals.
Marie:	Stoff zum Gelächter zu geben, geht ja noch, schlimmer ist es, wenn wir jemanden vor den Kopf stoßen.
Kai:	Jedenfalls wären wir euch beiden für Kritik und Ratschläge sehr dankbar.
Wu Ya:	Keine Frage, wir helfen uns alle gegenseitig.

Teil 2

(Jemand klopft an der Tür, Lu Di macht auf.)

Lu Di:	Hallo, du bist es, Siqi, komm herein. Darf ich bekannt machen: das ist Siqi, ein Freund von mir, das sind Marie und Kai. Sie sind gerade heute aus Deutschland gekommen.
Siqi:	Guten Tag, wie war der Flug?
Kai:	Guten Tag! Danke, sehr gut.
Lu Di:	Setz dich, Siqi. Möchtest du einen Tee?
Siqi:	Gern, ich bediene mich einfach selbst.
Marie:	Lu Di, kann ich dich etwas fragen?
Lu Di:	Selbstverständlich, Marie.
Marie:	Eben haben wir noch darüber gesprochen, dass man in China seinen Gast zum Teetrinken immer wieder bitten muss. Warum hat Siqi dieses Angebot sofort angenommen, obwohl du es nur einmal gesagt hast?
Lu Di:	Das hast du sehr gut beobachtet. In China ist man unter Freunden und Bekannten viel lockerer. Man braucht da keine Höflichkeitsfloskeln.

Wu Ya:	Außerdem fragt ein chinesischer Gastgeber seine Gäste in der Regel nicht danach, was sie gerne essen oder trinken, sondern stellt die Sachen einfach auf den Tisch, und die Gäste sollen sich selbst bedienen.
Kai:	Wieso?
Wu Ya:	Weil, wenn der Gastgeber seine Gäste fragt, was sie möchten, die Gäste meistens dankend mit „nichts" antworten.
Marie:	Was sagt der Gastgeber normalerweise in einer solchen Situation?
Lu Di:	„Bitte, bedienen Sie sich!", „Was für eine Höflichkeit!", „Es ist nicht nötig, so höflich zu sein!" und „Fangen Sie doch an, sonst wird das Essen kalt."
Kai:	Und die Gäste?
Lu Di:	„Bitte keine Umstände!", „Nicht nötig.", „Vielen herzlichen Dank!" usw.
Kai:	Ach du lieber Himmel, so viele Höflichkeitsfloskeln! Wir wissen noch viel zu wenig davon, Marie.
Marie:	Es ist kein Wunder, dass die Chinesen uns „Lao Wai" nennen.
Siqi:	Seid unbesorgt! Mit der Zeit lernt man das alles.

Übungen

Übung 1:

a. 快 过 春 节 了.
kuài guò chūn-jié　le.

b. 我 们 快 到 柏 林 了.
wǒ-men kuài dào bó - lín　le.

c. 还 有 3 个 月, 凯 就 回 国 了.
hái yǒu sān gè　yué,　kǎi　jiù　huí guó　le.

d. 车 快 开 了, 他 怎 么 还 没 来?
chē kuài kāi　le,　tā　zén-me　hái méi　lái?

e. 如 果 是 这 样 的 话, 我 就 不 去 了.
rú - guǒ shi zhè-yàng de huà, wǒ jiù　bú　qù　le.

Übung 2:

a. 请 大 家 多 多 包 涵!
qǐng dà-jiā duō-duō bāo-han!

b. 看 来 她 没 有 时 间.
kàn-lái tā méi yǒu shí-jiān.

c. 他 们 和 谁 同 住 一 个 单 元?
tā-men hé shuí tóng zhù yī gè dān-yuán?

d. 为 什 么 中 国 人 叫 外 国 人 老 外?
wèi-shén-me zhōng-guó-rén jiào wài-guó-rén lǎo-wài?

e. 坐 飞 机 的 时 候 他 看 了 两 部 电 影.
zuò fēi-jī de shí-hou tā kàn le liǎng bù diàn-yǐng.

Übung 3:

a. 闹 出 笑 话 就 晚 了.
nào-chū-xiào-hua jiù wǎn le.

b. 让 他 自 己 来 问 我!
ràng tā zì-jǐ lái wèn wǒ!

c. 朋 友 之 间 不 要 太 客 气.
péng-yǒu zhī-jiān bú yào tài kè-qi.

d. 只 有 老 外 才 会 这 样 干.
zhǐ-yǒu lǎo-wài cái huì zhè-yàng gàn.

e. 总 而 言 之 他 不 想 麻 烦 人.
zǒng-ér-yán-zhī tā bù xiǎng má-fan rén.

Übung 4:

a. Den Kaffee solltest du für später aufheben.

b. Warum hat er unsere Einladung nicht angenommen?

c. Als ich in China war, war ich oft in der Pekingoper.

d. Wenn du so etwas machst, wirst du jemanden vor den Kopf stoßen.

e. Ich bringe ihn zuerst zum Bahnhof, dann gehe ich in die Buchhandlung.

Übung 5:

a. 我 马 上 去 邮 局.
wǒ mǎ-shàng qù yóu-jú.

b. 他 坐 火 车 去 法 兰 克 福.
tā zuò hǔo-chē qù fǎ-lán-kè-fú.

c. 我 女 儿 快 过 生 日 了.
wǒ nǚ-ér kuài guò shēng-rì le.

d. 他 因 为 没 有 兴 趣, 所 以 回 家 了.
tā yīn-wèi méi yǒu xìng-qù, sǔo-yǐ huí jiā le.

e. 我 一 拿 到 入 学 通 知, 就 给 你 写 信.
wǒ yī ná-dào rù-xué tōng-zhī, jiù gěi nǐ xiě xìn.

Lektion 2 – Ein Theaterbesuch

Übersetzung

Teil 1

Marie sieht in der Stadt ein Plakat über den „Traum der roten Kammer". Beim Abendessen fragt sie ihre Freunde in der WG, ob sie auch Lust dazu hätten.

Marie: Ich habe heute auf der Wang-Fu-Jing-Straße ein Plakat des Shanghai-Yueju-Ensembles gesehen. Im kommenden Monat werden sie acht Mal im Volkstheater den „Traum der roten Kammer" aufführen. Wer hat Lust, mit mir hinzugehen?

Kai: Das Shanghai-Yueju-Ensemble soll sehr bekannt sein, stimmt das?

Wu Ya: Das stimmt. Das Shanghai-Yueju-Ensemble ist heute eines der wichtigsten Ensembles der Yue-Oper. Es hat eine fast 60-jährige Geschichte.

Marie: China hat sehr viele Bühnengenres, und die Pekingoper ist die so genannte Nationaloper. Wo liegt der Unterschied zwischen ihr und der Yue-Oper?

Lu Di: Die Yue-Oper ist eine regionale Opernrichtung der Provinz Zhejiang. Sie ist aus lokalen Volksliedern entstanden und wurde gleichzeitig vom Theater und der Kun-Oper beeinflusst. Anfang des 20. Jahrhunderts kam sie nach Shanghai. Im Vergleich zur Pekingoper sind Melodie und Gesang der Yue-Oper sanfter, angenehmer zu hören und damit einfacher für das Publikum.

Wu Ya: Die Pekingoper wird deshalb als Nationaloper angesehen, weil sie im ganzen Land populär ist. Obwohl die Pekingoper auch von der Kun-Oper beeinflusst wurde, bestehen ihre Melodien hauptsächlich aus den traditionellen „Xipi" und „Erhuang". Ihr Sprechgesang hat eine sehr hohe Tonlage. Außerdem sind die Bewegungen bei der Pekingoper extrem ausladend. Es gibt oft akrobatische Kampfszenen. Deshalb ist diese Oper für diejenigen, die zuvor noch nie dort waren, meist sehr schwer zu ertragen.

Lu Di: Darüber hinaus hat die Pekingoper ihre ganz speziellen Gesichtsmasken. Ein Freund von mir hat sogar über dieses Thema promoviert.

Kai: Über die Masken der Pekingoper wird auch in Deutschland geschrieben. Es soll mehr als 30 verschiedene Typen geben. Es ist wirklich nicht einfach, sie zu verstehen.

Wu Ya: Richtig, aber die Pekingoper hat auch ihre einfachen Seiten, z. B. das Bühnenbild und die Requisiten. Häufig sind nur ein Tisch und zwei Stühle zu sehen. Diese Requisiten sehen zwar sehr einfach aus, haben aber weitere Bedeutungen, d. h. neben ihrer eigentlichen Funktion können sie Hindernisse wie Berge, Wasser, Türen usw. symbolisieren.

Teil 2

Marie: Ist die Yue-Oper leichter zu verstehen?

Lu Di: Nicht unbedingt, denn der Bühnentext der Yue-Oper wird im Shanghaier Dialekt gesprochen. Jemand, der diesen Dialekt nicht spricht, versteht den Text auch dann nicht, wenn er Chinese ist.

Wu Ya: Lu Di, du verdirbst einem doch die Lust! Marie, es ist so, sowohl bei der Yue-Oper als auch bei der Pekingoper stammen die Themen überwiegend aus den Volkssagen, die fast jeder Chinese kennt. Da man mit der Handlung vertraut ist, spielt es keine große Rolle, ob man den Shanghaier Dialekt versteht oder nicht. Ich komme mit dir, Marie.

Kai: Ich auch.

Lu Di: Ich habe doch noch gar nicht zu Ende gesprochen. Die Handlung vom „Traum der roten Kammer" sowie die darstellerische Kunst der Schauspieler haben das Stück zu einem Meisterwerk gemacht, das man sich immer wieder gern anschaut und anhört.

Wu Ya: Verzeihung, Lu Di, anscheinend habe ich dich missverstanden. Heißt das, dass du auch Lust hast?

Lu Di: Ja, richtig! Übrigens, es gibt noch eine Sache, die ich Marie und Kai vorher sagen wollte.

Kai: Was denn?

Lu Di: Der Opernbesuch in China ist wahrscheinlich anders als in Europa, es läuft nicht so ordentlich ab. Verspätetes Kommen und vorzeitiges Gehen sind keine Seltenheit. Wenn du Pech hast, kann es dir außerdem passieren, dass deine Nachbarn sich während der Vorstellung unterhalten oder naschen.

Marie: Ist das nicht fast wie in einem Teehaus in Guangzhou?

Wu Ya: Richtig! Der Grund, warum das Theater für Chinesen nichts anderes als ein Vergnügungsort ist, hat mit seiner Geschichte zu tun. Früher war das Schauspiel nicht salonfähig. Schauspieler waren Straßenkünstler und durften nur dort oder im Restaurant auftreten. Ihr Beruf wurde als „Kunstverkäufer" oder „Gesangsverkäufer" bezeichnet.

Lu Di: Kaufen und Verkaufen machten die Kunst zur Ware. Was das Publikum interessierte, war nicht der Inhalt des Stückes, sondern das eigene Vergnügen. Diese Einstellung hat sich inzwischen zwar geändert, aber die Änderung einer Einstellung geschieht nicht von heute auf morgen. Ich sage das, weil ich möchte, dass ihr darauf vorbereitet seid.

Marie: Lu Di, vielen Dank für diesen Hinweis! Übrigens, braucht man für die Oper Abendgarderobe?

Wu Ya: Nicht unbedingt, es sollte nur nicht zu beliebig sein. Es reicht, wenn eine Frau ein Kleid anhat und ein Mann ein Hemd trägt.

Lu Di: Ich kümmere mich um die Karten.

Marie: Vielen Dank, ich danke euch allen für euer Interesse!

Übungen

Übung 1:

a. 房 间 由 他 们 来 预 定.
   fáng-jiān yóu tā-men lái yù-dìng.

b. 今 天 的 晚 饭 由 她 来 做.
   jīn-tiān de wǎn-fàn yóu tā lái zuò.

c. 他 在 机 场 受 到 很 多 人 的 欢 迎.
   tā zài jī-chǎng shòu-dào hěn duō rén de huān-yíng.

d. 你 的 中 文 没 有 受 到 德 语 的 影 响.
   nǐ de zhōng-wén méi yǒu shòu-dào dé-yǔ de yǐng-xiǎng.

e. 送 给 老 王 的 生 日 礼 物 由 小 李 来 买.
   sòng-gěi lǎo wáng de shēng-rì lǐ-wù yóu xiǎo lǐ lái mǎi.

Übung 2:

a. 他 不 像 我 有 那 么 多 时 间.
   tā bú xiàng wǒ yǒu nà-me duō shí-jiān.

b. 你 的 声 音 很 像 你 姐 姐 的.
   nǐ de shēng-yīn hěn xiàng nǐ jiě-jie de.

c. 她 像 你 一 样 喜 欢 吃 中 国 饭.
   tā xiàng nǐ yī-yàng xǐ-huān chī zhōng-guó-fàn.

d. 我 这 个 星 期 不 像 上 个 星 期 那 么 忙.
   wǒ zhè gè xīng-qī bú xiàng shàng gè xīng-qī nà-me máng.

e. 中 国 的 大 学 不 像 德 国 的 那 么 自 由.
   zhōng-guó de dà-xué bú xiàng dé-guó de nà-me zì-yóu.

Übung 3:

a. 听 说 这 本 书 在 中 国 很 流 行.
   tīng-shuō zhè běn shū zài zhōng-guó hěn liú-xíng.

b. 他 为 什 么 频 繁 扫 大 家 的 兴.
   tā wèi-shén-me pín-fán sǎo dà-jiā de xìng.

c. 看 起 来 他 没 有 什 么 思 想 准 备.
   kàn-qǐ-lái tā méi yǒu shén-me sī-xiǎng zhǔn-bèi.

d. 当 地 人 也 不 太 熟 悉 表 演 的 内 容.
   dāng-dì-rén yě bú tài shú-xī biǎo-yǎn de nèi-róng.

e. 我 一 直 把 他 当 作 我 最 好 的 朋 友.
   wǒ yī-zhí bǎ tā dāng-zuò wǒ zuì hǎo de péng-yǒu.

Übung 4:

a. Im Bahnhof sind keine Menschen.

b. Schreib diesen Brief bitte auf Englisch!

c. Er hat mich an einen Freund erinnert.

d. Er ist deswegen nicht gekommen, weil er krank war.

e. Obwohl wir keine Freunde sind, hat er mich eingeladen.

Übung 5:

a. 你 只 关 心 你 的 工 作.
   nǐ zhǐ guān-xīn nǐ de gōng-zuò.

b. 尽 管 他 很 累, 他 还 是 来 了.
   jìn-guǎn tā hěn lèi, tā hái shì lái le.

c. 我 认 识 的 人 都 去 了 德 国.
   wǒ rèn-shi de rén dōu qù le dé-guó.

d. 他 的 德 语 受 到 上 海 方 言 的 影 响.
   tā de dé-yǔ shòu-dào shàng-hǎi fāng-yán de yǐng-xiǎng.

e. 他 之 所 以 什 么 也 没 说, 是 因 为 他 不
   tā zhī-suǒ-yǐ shén-me yě méi shuō, shì yīn-wèi tā bù

   想 得 罪 人.
   xiǎng dé-zuì rén.

Lektion 3 – Anrede und Begrüßung

Übersetzung

Teil 1

Marie, Wu Ya, Kai und Lu Di sind mit dem Bus auf dem Weg zum Volkstheater Peking, um die Oper „Der Traum der roten Kammer" zu besuchen. Unterwegs steigt eine Frau mit einem kleinen Kind in den Bus ein. Kai sieht die beiden und bietet ihnen sofort seinen Platz an. Die Frau bedankt sich bei ihm und sagt anschließend zu ihrem Kind: „Sag mal schnell zum Onkel vielen Dank!" Sofort bedankt sich das Kind lautstark. Nachdem die vier den Bus verlassen haben, fragt Kai ein bisschen verwirrt:

Kai: Warum hat die Frau von eben ihr Kind zu mir Onkel sagen lassen? Ist Onkel nicht die Anrede für den jüngeren Bruder des Vaters? Nur weil ich den beiden Platz gemacht habe, bin ich für das Kind gleich der Onkel? Ist das nicht ein bisschen seltsam?

Wu Ya: Kai, du hast dir zu viel dabei gedacht!

Lu Di: Richtig! Die Frau hat ihr Kind zu dir Onkel sagen lassen, um dir ihren Respekt zu zeigen. Kennt ihr die Anredeformen in der chinesischen Familie?

Marie: Du meinst damit „Großvater", „Großmutter", „Onkel" und „Tante", nicht wahr?

Lu Di: Ja, um Verbindlichkeit und Respekt zu zeigen, verwenden die Chinesen Fremden gegenüber oft familiäre Anredeformen.

Kai: Als ob alle eine Familie wären.

Wu Ya: Richtig! In der chinesischen Gesellschaft werden ältere Menschen respektiert. Menschen einer älteren Generation werden überall von denen einer jüngeren Generation geachtet. Jüngere Leute genießen die soziale Fürsorge, die die älteren Mitmenschen ihnen entgegenbringen. Wenn man sich zum ersten Mal begegnet, fragt man deswegen oft zuerst nach dem Alter seines Gegenübers, um herauszufinden, wer der Ältere und wer der Jüngere ist, damit keine falsche Anrede verwendet wird.

Marie: Mit anderen Worten, man benutzt beim Gespräch auch noch weitere Anredeformen.

Lu Di:	Richtig. Zwischen den Generationen werden in der Regel Anreden wie „Onkel", „Tante", „Großvater", „Großmutter" usw. verwendet. Unter Bekannten bekommen die Familiennamen oft den Zusatz „alt" oder „jung", wie z. B. „Lao Wang" oder „Xiao Li". Vorgesetzte und Untergebene benutzen untereinander in der Regel den Dienstgrad als Anredeform, wie z. B. „Abteilungsleiter Wang" oder „Manager Li". Im Geschäft oder im Restaurant wird die Bedienung meistens als „Herr" oder „Fräulein" angeredet. Was die Anrede „Frau" angeht, so ist sie nur zwischen Chinesen und Ausländern in Gebrauch.

Teil 2

Kai:	Übrigens, gestern auf dem Weg zum Studentenwohnheim hat mich ein chinesischer Student bei der Begrüßung noch gefragt: „Hast du schon gegessen?" Das ist doch merkwürdig!
Marie:	Richtig, ich bin das auch schon gefragt worden. Außerdem hat man mich sogar gefragt: „Marie, es ist schon spät, wo gehst du noch hin?" Anscheinend wollen die Leute alles über dich wissen.
Wu Ya:	Ihr seid ein bisschen empfindlich. Fragen wie „Hast du schon gegessen?" oder „Wohin gehst du?" sind nichts anderes als eine Art Begrüßung. Die Leute, die so fragen, wollen nicht unbedingt wissen, was genau ihr vorhabt.
Kai:	Wirklich? Welche Antwort sollen wir geben, wenn man uns solche Fragen stellt?
Lu Di:	Ganz einfach, sagt je nachdem „Ja, ich habe schon gegessen." oder „Nein, ich habe noch nicht gegessen.", „Ich gehe zur Bibliothek." oder „Ich gehe zu einem Freund." Das reicht schon.
Wu Ya:	Übrigens, in China sind private und familiäre Dinge, wie Heirat, Alter, Beruf sowie Einkommen usw. keine Privatangelegenheiten, sondern Themen für eine Unterhaltung.
Marie:	Das geht aber doch wirklich niemanden etwas an. Warum sind die Chinesen an solchen Dingen so interessiert?
Wu Ya:	Weil die Kultur der gesellschaftlichen Umgangsformen in China auf zwischenmenschlichem Vergleich beruht.
Marie:	Was bedeutet das?

Wu Ya: Das bedeutet, in der Gesellschaft stellt man gern zwischen sich und anderen Vergleiche an. Das Alter des Gegenübers, sein sozialer Status und der familiäre Hintergrund sowie das Bildungsniveau sind maßgeblich dafür, was man sagen darf und was nicht.

Lu Di: Für einen Chinesen ist es wichtig zu wissen, wer sein Gegenüber ist und was er oder sie macht. Denn das kann ihn davor schützen, diese Person später durch unpassende Worte zu verletzen. Das ist der Grund, warum solche Themen bei der ersten Begegnung oft angesprochen werden. Darin sieht man folgende Vorteile: erstens kann man sich besser kennen lernen und zweitens hat man einen Anknüpfungspunkt für das weitere Gespräch.

Kai: Das heißt, wenn man uns später mit solchen Fragen konfrontiert, sollen wir ganz locker und cool bleiben.

Marie: Was soll ich machen, wenn ich mit Fremden nicht über solche Sachen sprechen möchte?

Lu Di: Auf solche Fragen brauchst du erstens nicht direkt zu antworten, zweitens kannst du den Leuten offen sagen, dass du darüber nicht sprechen möchtest. Außerdem kannst du die Initiative ergreifen, indem du dein Gegenüber fragst. Ich glaube, man würde dir alle Fragen beantworten.

Marie: Das ist eine gute Idee!

Wu Ya: Redet nicht so viel, der „Traum der roten Kammer" beginnt gleich. Ich möchte nicht zu spät kommen!

Marie: Richtig, beeilen wir uns!

Übungen

Übung 1:

a. 你 哪 一 站 下 车?
   nǐ nǎ yī zhàn xià chē?

b. 他 已 经 上 飞 机 了.
   tā yǐ-jing shàng fēi-jī le.

c. 老 人 慢 慢 走 上 来.
   lǎo-rén màn-màn zǒu shàng-lái.

d. 孩 子 走 下 来 向 客 人 问 好.
hái - zi zǒu xià - lái xiàng kè - rén wèn-hǎo.

e. 你 们 上 来 看 看 这 张 画.
nǐ - men sháng-lái kàn-kàn zhè zhāng huà.

Übung 2:

a. 为 了 不 让 你 失 望, 他 没 有 走.
wèi - le bú ràng nǐ shī-wàng, tā méi yǒu zǒu.

b. 至 于 他 在 哪 儿, 我 也 不 知 道.
zhì - yú tā zài nǎr, wǒ yě bù zhī-dào.

c. 至 于 我 们 明 天 干 什 么, 明 天 再 说.
zhì - yú wǒ-men míng-tiān gàn shén-me, míng-tiān zài shuō.

d. 为 了 去 火 车 站 接 一 个 朋 友, 他 8 点 就 走 了.
wèi - le qù huǒ-chē-zhàn jiē yī gè péng-yǒu, tā bā diǎn jiù zǒu le.

e. 至 于 我 们 哪 天 见, 要 看 你 什 么 时 候 有 时 间.
zhì - yú wǒ-men nǎ-tiān jiàn, yào kàn nǐ shén-me shí-hou yǒu shí-jiān.

Übung 3:

a. 老 王 和 小 李 这 样 的 称 呼 仅 限 于 熟 人 之 间.
lǎo wáng hé xiǎo lǐ zhè-yàng de chēng-hu jǐn xiàn-yú shú-rén zhī-jiān.

b. 他 让 自 己 的 孩 子 叫 外 人 叔 叔 和 阿 姨.
tā ràng zì - jǐ de hái - zi jiào wài-rén shū-shu hé ā - yí.

c. 中 国 人 的 习 惯 在 外 国 人 看 来 很 奇 怪.
zhōng-guó-rén de xí-guàn zài wài-guó-rén kàn-lái hěn qí-guài.

d. 中 国 人 为 什 么 对 这 些 事 情 这 么 有 兴 趣?
hōng-guó-rén wèi-shén-me duì zhè xiē shì-qing zhè-me yǒu xìng-qù?

e. 我 们 初 此 见 面 的 时 候, 他 还 不 会 中 文.
wǒ-men chū - cì jiàn-miàn de shí-hou, tā hái bú huì zhōng-wén.

Übung 4:

a. Hast du nicht drei Jahre Deutsch gelernt?

b. Was sie gesagt hat, weiß ich auch nicht so genau.

c. Weißt du nicht, wann sein Zug ankommt?

d. Auf dem Weg zur Uni habe ich eine Zeitung gekauft.

e. Er tut so, als ob er nicht wüsste, dass wir den Guangzhouer Dialekt nicht verstehen.

Übung 5:

a. 她 好 像 病 了 似 的.
   tā hǎo-xiàng bìng le shì - de.

b. 我 不 清 楚 他 是 否 有 时 间.
   wǒ bù qīng-chu tā shì-fǒu yǒu shí-jiān.

c. 我 在 火 车 里 遇 到 一 个 老 朋 友.
   wǒ zái huǒ-chē lǐ yù-dào yī gè lǎo péng-yǒu.

d. 至 于 他 喜 欢 什 么, 我 们 最 好 问 他 妻 子.
   zhì-yú tā xǐ-huān shén-me, wǒ-men zuì hǎo wèn tā qī - zi.

e. 为 了 给 她 介 绍 一 个 朋 友, 我 也 邀 请 了 她.
   wèi - le gěi tā jiè-shào yī ge péng-yǒu, wǒ yě yāo-qǐng le tā.

Lektion 4 – Bescheidenheit

Übersetzung

Teil 1

Eines Abends schauen sich Marie, Wu Ya, Kai und Lu Di zusammen die Nachrichten im Fernsehen an. Der chinesische Ministerpräsident übt Selbstkritik, in der er seine Arbeit als unzureichend bezeichnet und um Kritik und Verständnis von allen bittet, bevor er den Tätigkeitsbericht der Regierung vorlegt.

Kai: Manchmal seid ihr Chinesen einfach schwer zu verstehen! Wieso kritisiert sich ein Ministerpräsident ganz ohne Anlass? Wenn er das in Deutschland machen würde, wäre er schon längst gestürzt worden.

Lu Di: Für uns Chinesen gilt Bescheidenheit als eine hohe Tugend. Unsere Vorfahren sagten: „Selbstzufriedenheit bringt Nachteil, Bescheidenheit bringt Vorteil."

Marie: Wie bitte? Das höre ich zum ersten Mal. Würdest du das bitte wiederholen?

Lu Di: „Selbstzufriedenheit bringt Nachteil, Bescheidenheit bringt Vorteil." Das bedeutet: Selbstzufriedenheit kann einem nur Schaden einbringen, Bescheidenheit bringt dagegen Nutzen.

Marie: Bescheidenheit hin, Bescheidenheit her, was verstehen die Chinesen eigentlich genau unter Bescheidenheit?

Lu Di: Bescheidenheit bedeutet, nicht eingebildet zu sein und sich nicht für unfehlbar zu halten. Außerdem sollte man die Kritik seiner Mitmenschen akzeptieren können. Beim Umgang mit anderen Menschen soll man sich möglichst unter sein Gegenüber stellen.

Kai: Warum soll man sich unter sein Gegenüber stellen?

Lu Di: Um dieser Person Achtung und Höflichkeit zu zeigen.

Wu Ya: Vor zwei Tagen haben wir doch schon mal davon gesprochen, dass die Kultur der gesellschaftlichen Umgangsformen in China auf dem zwischenmenschlichen Vergleich beruht. Erinnert ihr euch? Für uns bedeutet Abwertung der eigenen Person eine Aufwertung des anderen. Daher soll man es vermeiden, sich in den Vordergrund zu stellen, wenn man seinem Gegenüber Höflichkeit und Respekt erweisen möchte, insbesondere wenn es im Gespräch um Leistungen und Verdienste geht. Um anderen den Wind aus den Segeln zu nehmen, hat unser Ministerpräsident vor seinem Tätigkeitsbericht der Regierung Selbstkritik geübt.

Marie: Unsere Gewohnheiten sind da ganz anders. In Deutschland, vor allem bei Bewerbungen, versucht jeder, sich möglichst gut darzustellen. Ansonsten findest du keine Stelle.

Teil 2

Kai: Bescheidenheit ist zwar eine sehr hohe Tugend, aber davon kann man doch nicht leben. Wie zeigen denn die Chinesen ihr Selbstvertrauen?

Lu Di: Für Chinesen ist Bescheidenheit nicht gleichzusetzen mit einem Mangel an Selbstvertrauen. Chinesen haben eine eigene Art, Selbstvertrauen zu zeigen. Wenn man beispielsweise über die eigenen Stärken redet, sagt man meistens „es geht" oder „es ging noch". Wer sich traut, das zu sagen, ist bestimmt nicht irgendjemand.

Wu Ya: Außerdem sagen die Chinesen gern: „Das, was ich gesagt habe, hat bestimmt Schwachstellen, sparen Sie bitte nicht mit Kritik!" oder „Meine Meinung ist nur zur Information." Ähnliches wird oft am Schluss einer Rede verwendet. Das bedeutet aber nicht, dass der Redner kein Selbstbewusstsein hat, sondern es beweist vielmehr, dass er sich seiner Sache sicher ist.

Marie: Wenn Bescheidenheit und Höflichkeit in China als Verhaltensregeln gelten und Chinesen im Umgang mit anderen ihr Gegenüber stets auf eine höhere Position stellen, was sagt dann derjenige, dem geschmeichelt und der gelobt wird?

Wu Ya: „Sie sind zu höflich!", „Sie übertreiben ja!", „Ich bin dessen nicht würdig.", „Nicht doch." usw. Moment mal, mir ist gerade eine Anekdote eingefallen. Wollt ihr sie hören?

Kai. Natürlich, erzähl doch!

Wu Ya: Anfang der 70er Jahre hat der Vorsitzende Mao Zedong aus Anlass des Chinabesuchs von Präsident Nixon einen feierlichen Empfang gegeben. Auf dem Empfang hat Nixon die Gattin von Mao zum Tanz aufgefordert. Habt ihr mal ein Foto von Jiang Qing aus jungen Jahren gesehen?

Kai: Nein.

Wu Ya: Das macht nichts. Auf jeden Fall hat Jiang Qing sehr gut ausgesehen, so dass Präsident Nixon ihr ausgesprochen viele Komplimente machte. Daraufhin sagte Jiang Qing bescheiden: „Nali, nali." Überraschenderweise hat der Dolmetscher, den der Präsident mitgebracht hatte, das wortwörtlich mit „Wo, wo denn?" übersetzt. Nachdem der Präsident das gehört hatte, fragte er mit Unverständnis: „Muss ich das wirklich so präzise angeben?"

Marie: Wenn die First Lady Chinas schon so bescheiden war, dann müssen es die einfachen Leute erst recht sein.

Kai: Richtig! So unterschiedlich sind die Kulturen im Osten und im Westen.

Lu Di: Der Unterschied zeigt sich nicht nur in der sprachlichen Ausdrucksweise. Deshalb, wenn man ein Volk verstehen möchte, muss man zuerst versuchen, seine Kultur zu begreifen.

Marie: Lu Di hat Recht!

Übungen

Übung 1:

a. 她 不 被 她 父 母 理 解.
   tā bú bèi tā fù - mǔ lǐ - jiě.

b. 我 们 常 常 被 老 师 批 评.
   wǒ-men cháng-cháng bèi lǎo-shī pī-píng.

c. 我 被 他 的 朋 友 送 到 火 车 站.
   wǒ bèi tā de péng-yǒu sòng-dào huǒ-chē-zhàn.

d. 我 没 有 被 他 邀 请 参 加 新 年 招 待 会.
   wǒ méi yǒu bèi tā yāo-qǐng cān - jiā xīn-nián zhāo-dài-huì.

e. 京 剧 不 太 容 易 被 欧 洲 的 观 众 接 受.
   jīng - jù bú tài róng-yì bèi ōu-zhōu de guān-zhòng jiē-shòu.

Übung 2:

a. 连 他 都 说 贵, 更 何 况 我 了.
   lián tā dōu shuō quì, gèng-hé-kuàng wǒ le.

b. 我 现 在 必 须 走, 否 则 就 没 有 车 了.
   wǒ xiàn-zài bì-xū zǒu, fǒu-zé jiù méi yǒu chē le.

c. 这 本 书 太 好 了, 以 致 我 一 天 就 看 完 了.
   zhè běn shū tài hǎo le, yǐ-zhì wǒ yī tiān jiù kàn wán le.

d. 他 不 说 自 己 不 努 力, 反 而 说 中 文 太 难.
   tā bù shuō zì-jǐ bù nǔ-lì, fǎn-ér shuō zhōng-wén tài nán.

e. 要 想 得 到 别 人 的 谅 解, 就 必 须 说 真 话.
   yào xiǎng dé-dào bié-rén de liàng-jiě, jiù bì-xū shuō zhēn-huà.

Übung 3:

a. 他 们 认 为 谦 虚 不 能 当 饭 吃.
   tā-men rèn-wéi qiān-xū bù néng dāng fàn chī.

b. 没 想 到 他 对 自 己 这 么 有 把 握.
   méi xiǎng-dào tā duì zì-jǐ zhè-me yǒu bǎ-wò.

c. 上 个 星 期 我 们 曾 谈 到 过 这 个 问 题.
   shàng ge xīng-qī wǒ-men céng tán-dào guò zhè ge wèn-tí.

d. 我 在 德 国 看 不 到 中 国 的 新 闻 联 播.
   wǒ zái dé-guó kàn bú dào zhōng-guó de xīn-wén lián-bō.

e. „自 以 为 是" 不 会 给 你 带 来 什 么 好 处.
   „zì-yǐ-wéi-shì" bú huì gěi nǐ dài-lái shén-me hǎo-chu.

Übung 4:

a. Dein Deutsch ist besser als Lu Dis.

b. Ich kann mich nicht mehr erinnern, wie er heißt.

c. Er betrachtet mich als seinen Freund.

d. Bevor sie nach Beijing ging, hatte sie drei Jahre Chinesisch gelernt.

e. Wenn das Wetter nicht gut ist, gehen wir nicht.

Übung 5:

a. 我 希 望 我 们 能 相 互 理 解.
wǒ xī-wàng wǒ-men néng xiāng-hù lǐ - jiě.

b. 我 说 的 仅 供 大 家 参 考.
wǒ shuō de jǐn gòng dà - jiā cān-kǎo.

c. 你 父 母 去 过 中 国, 是 吗?
nǐ fù - mǔ qù guò zhōng-guó, shì ma?

d. 要 想 在 德 国 上 大 学, 必 须 先 学 德 文.
yào xiǎng zài dé - guó shàng dà-xué, bì - xū xiān xué dé-wén.

e. 为 了 不 让 女 朋 友 失 望, 他 开 始 学 习 中 文.
wèi - le bú ràng nǔ péng-yǒu shī-wàng, tā kāi-shǐ xué - xí zhōng-wén.

Lektion 5 – Der Umgang mit anderen

Übersetzung

Teil 1

Kai: Lu Di, wenn man in Deutschland über die Chinesen spricht, sagt man immer, sie seien alle sehr genügsam, arbeiteten hart und lebten einfach. Erst seitdem wir hier sind, haben wir festgestellt, dass das so nicht stimmt, vor allem im Restaurant.

Lu Di: Du meinst bestimmt die Art und Weise, wie man Gäste zum Essen einlädt, nicht wahr?

Kai: Richtig, wenn man in China jemanden zum Essen einlädt, muss etwas vom Essen übrig bleiben, sonst meint man, das sei keine richtige Einladung.

Lu Di: Kai, das du hast sehr gut beobachtet. Die Chinesen sind bei Einladungen wirklich oft übermäßig verschwenderisch.

Marie: Kommt diese Verschwendung daher, weil die Gastgeber sehr viel Geld haben?

Lu Di: Nicht unbedingt, in China gibt es nicht viele reiche Leute. Trotzdem ist es das Geld in den Augen der Chinesen wert, dafür ausgegeben zu werden.

Kai: Warum?

Wu Ya: Für Chinesen ist es sehr wichtig, Beziehungen sorgfältig zu pflegen, und zwar nicht nur zu Freunden. Letztlich sollen Fremde zu Bekannten und Bekannte zu Freunden werden. In China gibt es ein altes Sprichwort: „Wer zu Hause lebt, lebt von den Eltern; wer draußen lebt, lebt von den Freunden." Leute einzuladen und Geschenke zu machen ist eine wichtige Art, Beziehungen herzustellen und Freundschaften zu vertiefen.

Lu Di: Die meisten Chinesen haben ihren kleinen Kreis. Zu diesem Kreis gehören Familienangehörige, Verwandte, Freunde, Schulkameraden, Kollegen und Landsleute, hinzu kommen noch Freunde von Freunden und Bekannte von Bekannten. Selbst wenn man nur lose zu diesem Kreis gehört, wird einem schon geholfen.

Wu Ya: In China ist es so, egal was für eine Angelegenheit man zu erledigen hat, man braucht immer Beziehungen. Wenn man keine Beziehungen hat, muss jede Angelegenheit auf offiziellem Weg geregelt werden und das kann sehr kompliziert werden. Deswegen legt man großen Wert darauf, Beziehungen zu pflegen. Dafür nimmt man sogar Nachteile für sich selbst in Kauf.

Marie: Das sind so viele und so komplizierte Beziehungen! Wie kommt man damit klar?

Lu Di: Diese Frage ist berechtigt. Der Trick dabei ist, man entscheidet je nach seinem Gegenüber, d. h. je nachdem, in welcher Beziehung man zu ihm steht, was man sagt und was man tut. Zum Beispiel: Je besser eine Beziehung ist, desto einfacher ist der Umgang miteinander. Unter Freunden werden die Höflichkeitsregeln nicht so streng gesehen.

Wu Ya: Aber wenn ein Freund Schwierigkeiten bekommt, wird man alles daran setzen, ihm zu helfen, entweder durch Geld oder durch Taten. Ob man einem entfernten Bekannten, der gerade Probleme hat, hilft, bleibt einem selber überlassen. Wenn man nicht hilft, nimmt es diese Person einem auch nicht übel. Wenn man aber trotzdem hilft, kann dadurch eine neue Freundschaft entstehen.

Teil 2

Lu Di: Außerdem orientieren sich Chinesen an den Prinzipien „Höflichkeit beruht auf Gegenseitigkeit." und „Es ist unhöflich, einen Gefallen nicht zu erwidern." Das heißt, wenn du ein Geschenk bekommst, machst du auch ein Geschenk; wenn dir jemand einen Gefallen tut, revanchierst du dich. Angenommene Hilfe bedeutet zugleich, dass du jemandem einen Gefallen schuldest. Irgendwann muss er erwidert werden.

Wu Ya: Es gibt verschiedene Möglichkeiten, sich für einen Gefallen zu revanchieren; z. B. kann man jemandem ein Geschenk machen, ihn zum Essen einladen oder eigene Beziehungen für ihn spielen lassen. Durch Geben und Nehmen werden Fremde zu Bekannten und Bekannte zu Freunden. Dadurch wird die Beziehung langsam enger.

Kai: Es gibt also enge und weniger enge Beziehungen, tiefe und weniger tiefe Freundschaften. Wie man sich verhält, kommt letzten Endes darauf an, wie eng und wie tief eine Bekanntschaft ist. Ist das so?

Wu Ya: Richtig. Außerdem meinen die Chinesen „Schenkst du mir einen Pfirsich, so gebe ich dir eine Pflaume". Das bedeutet, das Geschenk, das ich dir jetzt überreiche, muss wertvoller sein als das, das du mir damals geschenkt hast; die Gefälligkeit, die ich dir jetzt erweise, muss größer sein als die, die ich damals in Anspruch genommen habe. Mit der Zeit werden die Geschenke immer teurer und die Einladungen immer verschwenderischer.

Marie: Da wir gerade von Umgangsformen sprechen, möchte ich etwas sagen. Letzten Sonntag, als ich mit dem Bus in die Stadt gefahren bin, ist eine ältere Frau in den Bus eingestiegen. Kein Mensch im Bus hat ihr seinen Platz angeboten. Zählt das auch zu den normalen Umgangsformen?

Lu Di: Marie, die Umgangsformen, von denen die Chinesen sprechen, gelten lediglich für Bekannte und Freunde. Deswegen wirken wir Chinesen in den Augen der Ausländer manchmal recht unfreundlich.

Wu Ya: Das stimmt. Ihr seid noch nicht sehr lange in China. Irgendwann werdet ihr erleben, dass ein paar Freunde wegen eines Platzes im Bus lange streiten, wer den Platz einnehmen soll, oder dass jeder derjenige sein will, der die Rechnung für ein gemeinsames Essen bezahlt. Unter Freunden gibt man gerne mehr als man nimmt. Wenn man aber miteinander nicht befreundet ist, tut man so, als ob die anderen nicht existierten. Das ist eben das, was die Chinesen den „Unterschied zwischen innerhalb und außerhalb" nennen.

Lu Di: Deshalb legen die Chinesen großen Wert darauf, Beziehungen aufzubauen. Jemandem eine Zigarette anzubieten oder herauszufinden, ob jemand aus derselben Gegend kommt, ist z. B. der Anfang einer Beziehung.

Kai: Marie, so wie es aussieht, haben wir noch eine ganze Menge zu lernen.

Wu Ya: Ich glaube, dass es für euch nicht so wichtig ist, sich solche Dinge anzueignen. Denn das ist meistens mühsam und lohnt sich nur selten. Wenn ihr die Zeit in China dazu nutzen könnt, für diese Phänomene ein Verständnis zu entwickeln, ist das schon eine großartige Leistung.

Marie: Wu Ya hat Recht!

Übungen

Übung 1:

a. 他 越 说 越 快.
tā yuè shuō yuè kuài.

b. 你 越 想 他 来, 他 越 不 来.
nǐ yuè xiǎng tā lái, tā yuè bù lái.

c. 我 只 要 来 德 国, 就 一 定 去 看 你.
wǒ zhǐ-yào lái dé-guó, jiù yī-dìng qù kàn nǐ.

d. 他 只 要 能 帮 你, 就 一 定 会 帮 你.
tā zhǐ-yào néng bāng nǐ, jiù yī-dìng huì bāng nǐ.

e. 她 宁 可 不 去 看 电 影, 也 要 等 北 京 的 电 话.
tā nìng-kě bú qù kàn diàn-yǐng, yě-yào děng běi-jīng de diàn-huà.

Übung 2:

a. 你 明 天 来 得 越 早 越 好.
nǐ míng-tiān lái de yuè zǎo yuè hǎo.

b. 他 买 来 的 西 瓜 有 大 有 小.
tā mǎi lái de xī-guā yǒu dà yǒu xiǎo.

c. 今 天 上 午 他 在 家 里 走 来 走 去.
jīn-tiān shàng-wǔ tā zài jiā li zǒu lái zǒu qù.

d. 我 想 来 想 去 也 没 想 起 他 的 名 字.
wǒ xiǎng lái xiǎng qù yě méi xiǎng-qi tā de míng-zi.

e. 这 几 本 书 是 她 给 我 留 下 的.
zhè jǐ běn shū shì tā gěi wǒ liú xià de.

Übung 3:

a. 你 能 理 解 这 一 点 吗?
nǐ néng lǐ-jiě zhè yī diǎn ma?

b. 我 并 不 觉 得 这 有 什 么 不 对.
wǒ bìng bù jué - de zhè yǒu shén-me bú duì.

c. 在 中 国 办 事 必 须 靠 朋 友.
zài zhōng-guó bàn-shì bì - xū kào péng-yǒu.

d. 他 说 的 话 不 是 针 对 你 们 的.
tā shuō de huà bú shì zhēn-duì nǐ-men de.

e. 我 听 说 了 很 多 有 关 中 国 人 的 习 惯.
wǒ tīng-shuō le hěn duō yǒu-guān zhōng-guó-rén de xí-guàn.

Übung 4:
a. Dieser Film ist sehenswert.

b. Unter uns brauchst du nicht so höflich zu sein.

c. Er hat noch nicht so lange Deutsch gelernt.

d. Wenn du Schwierigkeiten hast, werden wir dir alle helfen.

e. Nach langer Suche habe ich endlich meinen Schlüssel gefunden.

Übung 5:
a. 他 当 然 是 我 朋 友 圈 子 里 的 人.
tā dāng-rán shì wǒ péng-yǒu quān-zi li de rén.

b. 中 国 人 所 讲 的 人 情 世 故, 外 国 人 是 学
zhōng-guó-rén suǒ jiǎng de rén-qíng-shì - gù, wài-guó-rén shì xué
不 来 的.
bù lái de.

c. 你 不 在 的 时 候, 我 可 以 照 顾 你 妹 妹.
nǐ bú zài de shí-hou, wǒ kě - yǐ zhào-gù nǐ mèi-mei.

d. 维 护 友 情 很 重 要, 即 便 是 自 己 吃 亏.
wéi - hù yǒu-qíng hěn zhòng-yào, jì - biàn shì zì - jǐ chī-kuī.

e. 对 此 感 兴 趣 的, 既 有 中 国 人, 也 有 外 国 人.
duì - cǐ gǎn xìng-qù de, jì yǒu zhōng-guó-rén, yě yǒu wài-guó-rén.

Lektion 6 – Mensch und Vaterland

Übersetzung

Teil 1

Kai: Wir sind schon so lange in China und haben es noch nicht erlebt, dass ein Lehrer im Unterricht seine Studenten kritisiert.

Wu Ya: In China ist man es nicht gewöhnt, jemanden unverblümt zu kritisieren, vor allem in der Öffentlichkeit. Es sei denn, dass ein Vorgesetzter seinen Untergebenen kritisiert oder ein Erwachsener ein Kind.

Lu Di: Auch wenn ein Vorgesetzter seinen Untergebenen oder ein Erwachsener ein Kind kritisiert, versucht er seine Kritik nicht vor anderen zu äußern.

Marie: Wenn das so ist, wie machst du dann jemanden auf einen Schwachpunkt oder einen Irrtum aufmerksam?

Wu Ya: Wenn du Einwände gegen jemanden hast, solltest du ihn alleine aufsuchen und deine Meinung vorsichtig äußern. Wenn du das anders machst, kann es sein, dass er sein ganzes Leben lang einen Groll gegen dich hegt.

Marie: Tabuisieren die Chinesen Kritik deshalb, weil sie das Ansehen eines anderen beschädigen könnte?

Lu Di: Richtig. Außerdem hat der Kritisierende Angst davor, das Gesicht seines Gegenübers dadurch zu verletzen.

Marie: „Gesicht", was meinst du mit „Gesicht"?

Lu Di: Das „Gesicht" ist die Selbstachtung. Um der Selbstachtung des anderen nicht zu schaden, muss man bei Kritik besonders auf den Tonfall und die Art und Weise achtgeben. Man sollte es unbedingt vermeiden, zu unüberlegt oder zu direkt vorzugehen.

Kai: Dürfen chinesische Kinder denn ihre Eltern kritisieren?

Wu Ya: Normalerweise nicht, besonders in einer traditionellen chinesischen Familie. Dass die jüngere Generation die ältere kritisiert, ist ein Zeichen von Ungehorsam und Pietätlosigkeit.

Kai: Was meint man damit?

Wu Ya: Den Eltern nicht zu gehorchen und sie nicht zu respektieren. In der chinesischen Familie ist es egal, ob die Kritik der Älteren berechtigt ist oder nicht, die Jüngeren dürfen keine Widerworte geben.

Kai: Das ist aber nicht fair. Eine solche Erziehungsmethode könnte dazu führen, dass die Kinder alles mit sich machen lassen.

Wu Ya: Was für euch vielleicht nicht wünschenswert ist, ist für uns eine hohe Tugend. Diese unterschiedlichen Wertvorstellungen sind eben das Ergebnis unterschiedlicher Kulturen.

Teil 2

Marie: Mir ist eben etwas eingefallen. Als ich noch in Deutschland studierte, ist einmal Folgendes vorgefallen. Es gab eine Diskussion über China. Während dieser Diskussion haben deutsche Studenten einige soziale Missstände in China, wie z. B. Menschenrechtsverletzungen, Korruption und Bürokratie, angesprochen und kritisiert. Unerwartet wurde diese Kritik von den anwesenden chinesischen Studenten zurückgewiesen. Die deutschen Studenten waren sehr verwundert.

Lu Di: Das hat zwei Gründe: erstens muss man den Faktor der Zugehörigkeit beachten. Die Chinesen sehen sich mit dem Land, der Nation, ihrer Familie und ihrem Beruf sowie ihrer Arbeitsstelle in einer sehr engen Verbindung. Wenn ein Außenstehender sich dazu kritisch äußert, fühlen sich die Chinesen persönlich angegriffen. Mit anderen Worten, für Chinesen ist die Würde ihres Landes sehr eng verbunden mit ihrer eigenen.

Wu Ya: Außerdem, weil ein Chinese selten seine Kritik in der Öffentlichkeit äußert, empfindet er es als Gesichtsverlust, wenn jemand so etwas macht.

Marie: Eigentlich wollten die deutschen Studenten nur ihre Meinung zu einem bestimmten Thema äußern und ganz und gar nicht die Bevölkerung kritisieren.

Lu Di: Das weiß ich ja. Aber weil die Chinesen keinen klaren Unterschied zwischen Land und Person machen, meinen sie, dass sich die Kritik an China an sie persönlich richtet.

Kai: Ich habe noch eine Frage, vor kurzem haben wir doch über zwischen-menschliche Beziehungen gesprochen. Hat es einen Einfluss auf die Kritik, ob die Beziehung eng oder eher locker ist?

Wu Ya: Natürlich. Je besser eine Beziehung ist, desto offener kann eine Kritik sein. Gegenüber jemandem, den man nicht sehr gut kennt, äußert man Kritik nur selten und nicht leichtfertig.

Lu Di: Übertriebene „Selbstachtung" und „Gesichtswahrung" führen leicht dazu, dass man Kritik nur schwer akzeptiert.

Marie: Eigentlich ist eine Kritik nicht unbedingt böse gemeint. Wenn man das versteht, sollte man es nicht mehr so eng sehen.

Wu Ya: Marie hat zwar Recht. Aber so eine Einstellung lässt sich nicht von heute auf morgen ändern.

Kai: Dazu haben die Chinesen sogar ein Sprichwort: „Ist der Boden erst einmal drei Fuß dick gefroren, so hat es mehr als nur einen Tag Kälte gegeben."

Übungen

Übung 1:

a. 不 管 天 气 怎 样, 我 们 都 会 来 的.
bù-guǎn tiān-qì zěn-yàng, wǒ-men dōu huì lái de.

b. 如 果 我 不 来, 我 会 告 诉 你 的.
rú-guǒ wǒ bù lái, wǒ huì gào-su nǐ de.

c. 为 了 不 伤 害 他 的 面 子, 我 什 么 都 没 说.
wèi-le bù shāng-hài tā de miàn-zi, wǒ shén-me dōu méi shuō.

d. 你 只 要 说 一 下, 大 家 都 会 帮 忙 的.
nǐ zhǐ-yào shuō yī-xià, dà-jiā dōu huì bāng-máng de.

e. 即 便 父 母 说 得 不 对, 孩 子 们 也 不 能 还 嘴.
jí-biàn fù-mǔ shuō de bú duì, hái-zi-men yě bù néng huán-zuǐ.

Übung 2:

a. „逆 来 顺 受" 对 孩 子 没 有 好 处.
   „nì - lái-shùn-shòu" duì hái - zi méi yǒu hǎo-chu.

b. 每 个 人 都 有 自 己 的 价 值 观 念.
   měi gè rén dōu yǒu zì - jǐ de jià - zhí guān-niàn.

c. 在 这 个 问 题 上 不 要 „斤 斤 计 较".
   zái zhè gé wèn - tí shàng bú yào „jīn - jīn - jì - jiào".

d. 他 很 少 „开 门 见 山" 地 说 出 自 己 的 意 见.
   tā hěn shǎo „kāi-mén-jiàn-shān" de shuō-chū zì - jǐ de yì - jiàn.

e. 在 公 共 场 合 要 有 礼 貌, 不 要 大 声 说 话.
   zài gōng-gòng chǎng-hé yào yǒu lǐ - mào, bú yào dà shēng shuō huà.

Übung 3:

a. 我 没 有 听 出 这 句 话 还 有 别 的 意 思.
   wǒ méi yǒu tīng chū zhè jù huà hái yǒu bié - de yì - si.

b. 谁 对 这 个 决 定 有 不 同 的 意 见?
   shuí duì zhè gè jué-dìng yǒu bù-tóng de yì - jiàn?

c. 她 在 这 个 问 题 上 还 划 不 清 界 限.
   tā zài zhè gè wèn - tí sháng hái huà bù qīng jiè-xiàn.

d. 你 是 不 是 不 想 让 大 家 知 道 这 件 事?
   nǐ shì bú shì bù xiǎng ràng dà - jiā zhī-dào zhè jiàn shì?

e. 即 便 是 孩 子 的 意 见, 我 们 也 要 好 好 对 待.
   jì - biàn shì hái - zi de yì - jiàn, wǒ-men yě yào hǎo-hao duì-dài.

Übung 4:

a. Hast du meinen Brief nicht bekommen?

b. Er hat mich noch nie zu sich nach Hause eingeladen.

c. Das Gesicht zu wahren, ist für Deutsche nicht das Wichtigste.

d. Egal, wen du kritisierst, du sollst immer darauf achten, wo du das tust.

e. Der Chinese hat Angst, jemanden vor den Kopf zu stoßen, und kritisiert ungern die anderen.

Übung 5:

a. 他 原 来 准 备 去 美 国.
   tā yuán-lái zhǔn-bèi qù měi-guó.

b. 我 这 样 说 并 无 恶 意.
   wǒ zhè-yàng shuō bìng wú è - yì.

c. 大 家 没 想 到 你 今 天 会 来.
   dà - jiā - méi xiǎng-dào nǐ jīn-tiān huì lái.

d. 这 会 造 成 没 有 人 发 表 意 见.
   zhè huì zào-chéng méi yǒu rén fā-biǎo yì-jiàn.

e. 换 句 话 来 说, 他 没 有 兴 趣 来 看 我.
   huàn-jù - huà-lái-shuō, tā méi yǒu xìng-qù lái kàn wǒ.

Lektion 7 – Partnersuche

Übersetzung

Teil 1

Beim Abendessen erzählt Lu Di seinen Mitbewohnern, dass Siqi bald heiraten wird.

Lu Di: Siqi und Meiling möchten nächsten Monat heiraten. Ihr seid alle zu der Hochzeit eingeladen.

Wu Ya: Wie lange sind die beiden denn schon zusammen?

Lu Di: Ich schätze drei bis vier Jahre. Während der Studienzeit waren sie Kommilitonen, nach dem Studium haben sie gleichzeitig eine Stelle an der Uni bekommen.

Marie: Da müssen sie sich ja sehr gut kennen.

Lu Di: Richtig.

Wu Ya: Ich habe gehört, Meiling stamme aus einer sehr ländlichen Gegend in der Provinz Henan. Ihr Vater sei vor ein paar Jahren gestorben und ihre Familie habe große finanzielle Probleme.

Lu Di: Das stimmt, deswegen muss sie jeden Monat Geld nach Hause schicken.

Wu Ya: Der Vater von Siqi soll Professor an der Beijinger Universität sein, na ja ...

Lu Di: Nach deiner Meinung ist die Ehe der beiden nicht „Men-Dang-Hu-Dui", Wu Ya, in welcher Zeit leben wir denn?

Marie: Einen Moment bitte, was bedeutet „Men-Dang-Hu-Dui"?

Lu Di: „Men-Dang-Hu-Dui" bedeutet, dass bei der Eheschließung zwei Menschen den gleichen sozialen und wirtschaftlichen Status haben sollen.

Kai: Wir haben jetzt das 21. Jahrhundert. Wer nimmt sich solche Dinge noch zu Herzen?

Wu Ya: Wer? Ich zum Beispiel! Ich weiss, dass ich in diesem Punkt sehr konservativ bin. Ich denke, ein vergleichbarer Familienhintergrund und ähnliche Lebensgewohnheiten können für das künftige Zusammenleben der beiden nur von Vorteil sein. Außerdem gibt es viele Menschen, die mit mir einer Meinung sind. Wenn ihr mir nicht glaubt, könnt ihr gern die Heiratsanzeigen in der Zeitung ansehen.

Marie: Das ist eine gute Idee. Die Zeitung ist bei mir im Zimmer. Ich hole sie.

Kai: Marie, gib mir bitte die Zeitung. Hört alle gut zu! „Sie, 31 Jahre alt, 1,63 Meter groß, elegant, hübsch. Akademikerin, Arbeit in einem staatlichen Betrieb in Nanjing, geschieden, ohne Kinder, sucht einen Mann unter 40, studiert, mindestens 1,75 Meter, kultiviert, mit Sinn für Familie, gut situiert, als Partner." „Er, geboren im Oktober 1977, 1,80 Meter, ledig. Abitur, gute Computerkenntnisse, Angestellter in einem Büro in Guangzhou, anständig und aufrichtig, sucht eine Sie in ähnlichem Alter, hübsch und natürlich, klug und tugendhaft, mit Aufenthaltsgenehmigung für Guangzhou, als Partnerin."

Teil 2

Marie: Warum sind in solchen Anzeigen neben Geschlecht, Alter, Größe und Bildungsniveau auch noch Dinge wie städtische Aufenthaltsgenehmigung, staatlicher Betrieb, Büroangestellter usw. genannt?

Lu Di: China ist anders als Deutschland. China ist ein Agrarstaat. Die hohe Bevölkerungszahl und der wirtschaftliche Rückstand haben dazu geführt, dass der Unterschied zwischen Stadt und Land sehr groß ist. Um die Städte besser zu verwalten und die Abwanderung der Landbevölkerung zu kontrollieren, gibt es in China städtische Aufenthaltsgenehmigungen. Das heißt, Menschen mit Aufenthaltsgenehmigung dürfen in der Stadt leben und arbeiten. Wer eine solche nicht hat, wie z.B. die Landbevölkerung, darf nicht in der Stadt leben. Wer in der Stadt arbeitet, bekommt ein Gehalt. Der Lebensunterhalt eines Bauern jedoch muss mit landwirtschaftlichen Produkten bestritten werden, von Arbeitslosengeld und Rente ganz zu schweigen.

Kai: Mittlerweile dürfen die Bauern doch auch in der Stadt arbeiten, nicht wahr?

Lu Di: Schon, aber was die Bauern finden, ist entweder Zeitarbeit oder Saisonarbeit. Außerdem können ihre Ehepartner nicht mit in die Stadt und ihre Kinder können in der Stadt nicht in die Schule gehen.

Marie: Deswegen achtet man sehr darauf, ob der Partner eine städtische Aufenthaltsgenehmigung hat.

Wu Ya:	Richtig. Der Unterschied zwischen staatlichem und kollektivem Betrieb besteht darin, dass der staatliche Betrieb dem Staat gehört und somit das Einkommen und die Krankenversicherung seiner Arbeiter und Angestellten relativ sicher sind. Der kollektive Betrieb gehört z.b. irgendeinem Bezirk oder Viertel der Stadt, der Behörde eines Kreises oder eines ländlichen Gebietes. Das Einkommen und die Arbeitsbedingungen dort sind bei weitem nicht so gut wie die in einem staatlichen Betrieb.
Kai:	Was heißt „Ke-Shi Gong-Zuo"?
Wu Ya:	„Ke-Shi Gong-Zuo" bedeutet geistige Arbeit. Wer diese ausübt, gehört zur „Schicht der weißen Kragen".
Lu Di:	Weil die städtische Aufenthaltsgenehmigung besser ist als diejenige für das Land, der staatliche Betrieb vorteilhafter als der kollektive und weil die Schicht mit weißem Kragen höher angesehen ist als die mit blauem, gibt es unter den Chinesen große Statusunterschiede.
Marie:	Um einen Partner zu finden, der nicht nur vom gleichen sozialen und wirtschaftlichen Status ist, sondern auch die sonstigen Bedingungen erfüllt, muss man seine eigenen Voraussetzungen und die Forderungen an den anderen klipp und klar formulieren.
Kai:	Gibt es außer einer Heiratsanzeige noch andere Möglichkeiten, um jemanden kennen zu lernen?
Wu Ya:	Man kann sich selbst darum kümmern, über Freunde jemanden kennen lernen oder den Eltern das überlassen. Na, möchtest du auch in China eine Partnerin suchen?
Kai:	Kennst du vielleicht jemanden, der zu mir passt?
Marie:	Spaß beiseite. Wir sind doch zu der Hochzeit eingeladen, was sollen wir als Geschenk mitbringen?
Lu Di:	Ich kann zuerst mal fragen. Wenn Siqi nichts sagt, werden wir ihnen zusammen einen „Hong-Bao" machen.
Marie:	Was ist ein „Hong-Bao"?
Wu Ya:	Ein „Hong-Bao" ist ein Geldgeschenk in einem kleinen roten Briefumschlag. Zur Zeit ist diese Art zu schenken in China sehr verbreitet, vor allem beim Frühlingsfest.

Lu Di: Damit man nicht das Gleiche zweimal oder etwas Unnützes geschenkt
         bekommt.

Marie und Kai: Okay, einverstanden!

Übungen

Übung 1:

a. 他 们 坐 了 多 长 时 间 的 飞 机?
   tā-men zuò le duō cháng shí-jiān de fēi - jī?

b. 你 父 母 在 北 京 生 活 了 多 长 时 间?
   nǐ fù - mǔ zài běi-jīng shēng-huó le duō cháng shí-jiān?

c. 他 什 么 时 候 开 始 学 习 中 文 的?
   tā shén-me shí-hou kāi-shǐ xué - xí zhōng-wén de?

d. 他 用 了 多 长 时 间 写 这 封 信?
   tā yòng-le duō cháng shí-jiān xiě zhè fēng xìn?

e. 从 广 州 来 的 火 车 什 么 时 候 到 长 沙?
   cóng guǎng-zhōu lái de huǒ-chē shén-me shí-hou dào cháng-shā?

Übung 2:

a. 我 不 在 乎 他 怎 么 想.
   wǒ bú zài-hu tā zěn-me xiǎng.

b. 他 们 彼 此 从 没 见 过 面.
   tā-men bǐ - cǐ cóng méi jiàn guò miàn.

c. 我 没 问 他 在 什 么 企 业 工 作.
   wǒ méi wèn tā zài shén-me qǐ - yè gōng-zuò.

d. 他 好 像 不 知 道 你 什 么 时 候 来.
   tā hǎo-xiàng bù zhī-dào nǐ shén-me shí-hou lái.

e. 我 准 备 明 年 去 中 国 看 一 个 朋 友.
   wǒ zhǔn-bèi míng-nián qù zhōng-guó kàn yī gè péng-yǒu.

Übung 3:

看 书 的 孩 子　　　　速 食 米 饭
kàn shū de hái - zi　　　sù - chí mǐ - fàn

挂 号 信　　　　　　　来 自 中 国 的 客 人
guà-hào-xìn　　　　　lái - zì zhōng-guó de kè - rén

没 工 作 的 人　　　　毕 业 的 大 学 生
méi gōng-zuò de rén　　bì - yè de dà-xué-shēng

有 钱 人　　　　　　　理 发 师
yǒu qián-rén　　　　　lǐ - fà - shī

Übung 4:

a. Es sind nur wenige Leute mit deiner Meinung einverstanden.

b. Als sie jung war, sah sie sehr hübsch aus.

c. Er hat in Deutschland sechs Jahre die Universität besucht.

d. Wenn man keine Arbeit hat, dann ist das Leben nicht abgesichert.

e. Die Kinder von Bauern können nicht in der Stadt die Schule besuchen.

Übung 5:

三 年 前 来 自 上 海 的 王 红 认 识 了 来 自 北 京
sān nián qián lái - zì shàng-hái de wáng hóng rèn - shi le lái - zì běi - jīng

的 李 明. 一 年 后 他 们 恋 爱 了. 今 年 夏 天 他 们
de lǐ míng. yī nián hòu tā - men liàn - ài le. jīn-nián xià-tiān tā - men

想 在 上 海 结 婚. 双 方 父 母 的 意 见 对 他 们
xiǎng zài shàng-hǎi jié - hūn. shuāng-fāng fù - mǔ de yì - jiàn duì tā - men

来 说 很 重 要. 他 们 的 父 母 同 意 他 们 的 婚 事.
lái-shuō hěn zhòng-yào. tā - men de fù - mǔ tóng - yì tā - men de hūn-shì.

王 红 和 李 明 邀 请 了 双 方 的 亲 戚 和 很 多
wáng hóng hé lǐ míng yāo-qǐng le shuāng-fāng de qīn - qī hé hěn duō

朋 友 参 加 他 们 的 婚 礼. 目 前 他 们 正 忙 着
péng-yǒu cān-jiā tā - men de hūn - lǐ. mù-qián tā - men zhèng máng-zhe

准 备.
zhǔn-bèi.

Lektion 8 – Esskultur in China

Übersetzung

Teil 1

Marie: Auf der Hochzeit von Siqi und Meiling habe ich einen interessanten Mann aus Suzhou kennen gelernt.

Lu Di: Du meinst bestimmt Lu Yelai. Man sagt, er sei mit Lu Wenfu entfernt verwandt.

Kai: Lu Wenfu? Der Autor des Romans „Der Gourmet"?

Lu Di: Richtig. Also du kennst seine Werke?

Kai: Ich habe die deutsche Übersetzung von „Der Gourmet" gelesen. Es ist phantastisch geschrieben!

Marie: Warum hat die Esskultur in China einen so hohen Stellenwert?

Wu Ya: China ist ein Agrarstaat. Niedrige Produktivkraft und das Ausgeliefertsein gegenüber Naturkatastrophen haben dazu geführt, dass die einfachen Leute in ständiger Armut gelebt haben. Geschichtlich gesehen haben Naturkatastrophen und Kriege das Leben der Menschen immer beeinflusst.

Lu Di: Gerade wegen der Tatsache, dass eine ausreichende Versorgung der chinesischen Bevölkerung mit Kleidung und Nahrungsmitteln mit der Stabilität des Landes in sehr engem Zusammenhang steht, behaupten manche: um die Geschichte Chinas zu verstehen, muss man sich zuerst mit der chinesischen Esskultur vertraut machen.

Wu Ya: Essen war und ist in China noch immer das Allerwichtigste. Sprüche wie „Die sieben Sachen, an die man morgens schon beim Öffnen der Tür denken soll, sind Brennholz, Reis, Speiseöl, Salz, Sojasauce, Essig und Tee." oder „Der Mensch ist Eisen, das Essen ist Stahl. Wenn man einmal nicht isst, wird man vor Hunger anfangen zu zittern." kennt fast jeder Chinese. In China ist das Essen beinahe ein Zeichen für Zivilisation geworden.

Lu Di: In der chinesischen Geschichte haben viele Herrscher den Spruch „Essen für das Volk hat höchste Priorität" als Zaubermittel für einen friedlichen Staat und ein zufriedenes Volk betrachtet.

Kai: Das heißt, wenn das Volk genug zum Essen und Trinken hat, ist die Welt in bester Ordnung.

Lu Di: Richtig.

Marie: Es ist kein Wunder, dass man Einladungen zum Essen als wichtige Methode benutzt, um freundschaftliche Kontakte herzustellen, Freundschaften aufrechtzuerhalten und Streitigkeiten im Alltagsleben zu regeln.

Teil 2

Kai: Wenn das Essen eine so wichtige Funktion hat, würdet ihr uns dann vielleicht sagen, worauf man achten muss, wenn man bei jemandem zu Gast ist?

Wu Ya: Selbstverständlich. Beim Essen darf man zwei Sachen auf keinen Fall tun: zum einen sollen die Essstäbchen nicht senkrecht in das mit Reis gefüllte Schälchen gesteckt werden, denn das assoziiert man mit den brennenden Räucherstäbchen während einer Opfergabe; zum anderen soll man nicht vor dem Gastgeber die Essstäbchen oder das Weinglas anfassen.

Kai: Also, ich wurde einmal von einem chinesischen Freund zu seinen Eltern nach Hause eingeladen. Beim Essen haben seine Eltern mir sehr viel Fleisch und Gemüse ins Schälchen getan. Obwohl ich immer wieder „Das reicht, ich habe genug." gesagt habe, haben sie weiter gemacht, so dass ich schon allein von Fleisch und Gemüse völlig satt geworden bin.

Lu Di: Das ist ganz normal. Wir haben eben darüber gesprochen, dass das Leben der normalen Chinesen nie einfach war. Die Situation hat sich erst in den letzten Jahren nach und nach verbessert. Andauernde Armut hat dazu geführt, dass es sich die Chinesen angewöhnt haben, gut schmeckende und seltene Speisen älteren Menschen, Kindern und Freunden zu geben.

Wu Ya: Die Art und Weise, wie der Gastgeber ihm selber gut schmeckende Speisen immer wieder in das Schälchen seines Gastes tut, heißt auf Chinesisch „Quan Cai". „Quan Cai" ist eine in China weit verbreitete Sitte, insbesondere in der Heimat von Lu Wenfu, dem Autor von „Der Gourmet".

Lu Di: Außer „Quan Cai" mögen die Chinesen auch sehr gern „Jing Jiu" und machen das besonders raffiniert. Wenn zum Trinken aufgefordert wird, fallen oft Sprüche wie: „Tee wird nur halb voll eingeschenkt, Wein bis zum Rand.", „Wein in ungerader Zahl zu trinken gehört sich nicht." und „Aller guten Dinge sind zwei."

Marie: So gesehen ist es wirklich wahr, dass Chinesen „gut essen und liebend gerne trinken".

Kai: Ich kann mich noch gut an den Satz erinnern, den die Hauptfigur von „Der Gourmet", Zhu Ziye, oft sagt: „Der Mensch lebt, um zu essen!"

Lu Di: Die Chinesen betrachten die Worte von Zhu Ziye nicht nur als Lebensmotto, sondern beurteilen danach auch westliche Chinakenner. Sie meinen: „Diejenigen, die nur die chinesische Geschichte gut kennen, aber nicht die chinesische Küche, sind keine richtigen Chinakenner."

Wu Ya: Na, ihr beiden, möchtet ihr auch richtige Chinakenner werden?

Marie und Kai gleichzeitig: Natürlich!

Übungen

Übung 1:

a. 不 要 将 这 件 事 告 诉 别 人.
bú yào jiāng zhè jiàn shì gào-su bié-rén.

b. 什 么 鱼, 肉, 鸡 蛋 他 都 不 吃.
shén-me yú, ròu, jī-dàn tā dōu bù chī.

c. 我 先 将 朋 友 送 到 火 车 站.
wǒ xiān jiāng péng-yǒu sòng-dào huǒ-chē-zhàn.

d. 大 家 同 意 以 你 的 建 议 来 写 这 封 信.
dà-jiā tóng-yì yǐ nǐ de jiàn-yì lái xiě zhè fēng xìn.

e. 他 把 什 么 桌 子, 椅 子, 书 和 衣 服 都 送 人 了.
tā bǎ shén-me zhūo-zi, yǐ-zi, shū hé yī-fu dōu sòng rén le.

Übung 2:

a. 你 把 书 放 到 哪 里 了?
   nǐ bǎ shū fàng-dào nǎ - li   le?

b. 京 剧 以 唱 还 是 以 说 为 主?
   jīng - jù yǐ chàng hái - shì yǐ shuō wéi-zhǔ?

c. 广 州 的 天 气 渐 渐 热 起 来 了.
   guǎng-zhōu de tiān - qi jiàn-jiàn rè qǐ - lái   le.

d. 一 路 上 她 一 个 人 也 没 看 到.
   yī lù shàng tā yī gè rén yě méi kàn-dào.

e. 下 个 月 中 国 总 理 朱 溶 基 来 欧 洲 访 问.
   xià gè yuè zhōng-guó zǒng - lǐ zhū róng - jī lái ōu-zhōu fǎng-wèn.

Übung 3:

a. 你 和 他 多 长 时 间 没 有 联 系 了?
   nǐ hé tā duō cháng shí-jiān méi yǒu lián - xì   le?

b. 德 国 人 有 没 有 „劝 菜" 和 „敬 酒" 的 习 惯?
   dé-guó-rén yǒu méi yǒu „quàn cài" hé „jìng jiǔ" de xí-guàn?

c. 她 指 的 是 哪 个 德 国 人?
   tā zhǐ de shì nǎ gè dé-guó-rén?

d. 谁 的 很 多 作 品 被 翻 译 成 德 文?
   shuí de hěn duō zuò-pǐn bèi fān - yì-chéng dé-wén?

e. 你 听 说 了 什 么?
   nǐ tīng-shuō le shén-me?

Übung 4:

a. Der Roman „Der Gourmet" ist sehr gut übersetzt worden.

b. Die Esskultur hat in China einen sehr hohen Stellenwert.

c. Das Leben der einfachen Deutschen ist im Allgemeinen sehr gut.

d. Die Sitte, Gäste zum Essen und Trinken aufzufordern, ist in China weit ver-
breitet.

e. Warm anziehen und satt essen sowie Stabiltiät und Sicherheit stehen in enger
Beziehung zueinander.

Übung 5:

a. 中 国 人 一 直 很 注 重 吃.
zhōng-guó-rén yī - zhí hěn zhù-zhòng chī.

b. 你 看 过 鲁 讯 的 作 品 吗?
nǐ kàn-guò lǔ xùn de zuò-pǐn ma?

c. 要 想 理 解 鲁 讯, 就 必 须 了 解 当 时 的 情 况.
yào xiǎng lǐ - jiě lǔ xùn, jiù bì - xū liǎo-jiě dāng-shí de qíng-kuàng.

d. „人 活 着 就 是 为 了 吃."是 很 多 中 国 人 的 座
„rén huó zhe jiù shì wèi - le chī." shi hěn duō zhōng-guó-rén de zuò-

右 铭.
yòu-míng.

e. 陆 文 夫 作 品 中 的 主 人 公 是 一 个 真 正 的
lù wén - fū zuò-pǐn zhōng de zhǔ-rén-gōng shi yī gè zhēng zhèng de

美 食 家.
měi - shí - jiā.